AF235876

Pubertät

-der inspirierende Elternratgeber-

Wie Sie Ihr Kind auch in schwierigen Zeiten einfühlsam erziehen und eine stabile Eltern-Kind-Bindung aufrechterhalten

Lukas Polau

INHALT

Vorwort

Die Pubertät stellt viele Familien auf eine harte Probe. Es scheint fast so, als würde der Nachwuchs von einem Moment auf den anderen die gesamte Struktur auf den Kopf stellen. Seine Laune wechselt wie das Wetter im April und von überglücklich bis zu Tode betrübt ist an einem normalen Tag wirklich alles mal drin. Die einst so geliebten, gemeinsamen Familienaktivitäten sind nun öde und spießig.

Stattdessen wird mit Freunden gechillt, stundenlang durch die Stadt flaniert oder im Zimmer gegammelt. Die Diskussionen nehmen immer mehr zu und jede Regel wird grundsätzlich hinterfragt. Die Nerven der Eltern liegen blank. Und mit dem Wissen im Hinterkopf, dass junge Menschen gerade in dieser Lebensphase zu risikobereiten Verhalten neigen, ist es nur verständlich, dass Sie sich als Eltern zusätzlich auch noch große Sorgen machen.

Doch bitte verzagen Sie nicht. Es gibt selbstverständlich Wege, wie Sie Ihr Kind durch diese komplizierte Zeit begleiten können und wie Sie trotz aller auftretenden Schwierigkeiten in einer guten Verbindung bleiben. Abgesehen davon hat die Pubertät auch ihre guten Seiten und alles, was Sie mit sich bringt, sind wichtige Faktoren für das spätere Leben. Mit ihr beginnt eine besondere Entwicklungsphase, die nicht nur für Sie als Eltern eine nervenaufreibende Zeit wird, sondern ebenso für Ihr Kind. Die Sache ist also eher, wie Sie als Eltern mit den Veränderungen Ihrer Tochter oder Ihres Sohnes umgehen und eventuelle Probleme meistern möchten.

Auf den folgenden Seiten möchte ich Ihnen ein paar wertvolle Tipps an Ihr Mama- und Papaherz legen. Worte, die Sie hoffentlich stärken und in Ihrer Rolle als liebevolle Begleiter unterstützen werden. Dazu gehe ich kurz auf die körperlichen Entwicklungen dieser Phase ein, der Fokus dieses Ratgebers liegt jedoch auf der sich verändernden Eltern-Kind-

Beziehung und wie Sie damit umgehen können. Zum Schluss erwarten Sie 11 hilfreiche Ratschläge, über die Sie nachdenken können und die im besten Fall auch etwas in Ihrer aktuellen Situation bewirken.

Was geschieht in der Pubertät?

In dieser einzigartigen Lebensphase entwickelt sich Ihr Kind zu einem jungen Erwachsenen und erreicht letztlich die Geschlechtsreife. Der Körper verändert sich deutlich und die Geschlechtsorgane entwickeln sich weiter. Untermauert wird die Pubertät oftmals durch starke Stimmungsschwankungen und dem Drang, sich von den Eltern abzukapseln.

Warum das geschieht oder was die Pubertät auslöst, ist noch nicht gänzlich erwiesen, aber bekannt ist, dass sie ein wichtiger Bestandteil der Entwicklung ist. Bei Mädchen setzt die Pubertät in der Regel ab einem

Alter von 9 Jahren mit der Ausbildung der Schambe-
haarung und einem starken Wachstum ein. Bei Jungen
vollzieht sich die Entwicklung, zunächst sichtbar an
der Vergrößerung der Hoden und des Penis, meist etwas später. Grundsätzlich sind diese gravierenden Veränderungen aber sowohl in der Geschwindigkeit als
auch der Reihenfolge bei jedem Menschen unterschiedlich und werden durch Erbfaktoren und Um-
welteinflüsse bestimmt.

HORMONE ÜBER HORMONE

In der Pubertät produziert der Körper bedeutend mehr
Hormone als zuvor. Mit Beginn dieser Lebensphase
werden in der Hirnanhangsdrüse Hormone freigesetzt,
welche die Geschlechtsdrüsen dazu anregt, Sexualhormone zu bilden. Diese wiederum treiben die Veränderungen des Körpers voran. Bei den Jungen reifen nun
die Hoden, bei den Mädchen die Eierstöcke. Außerdem
werden weitere Sexualhormone gebildet, welche ins
Blut abgegeben werden. Die These, dass bei Mädchen
nur weibliche und bei Jungen nur männliche Hormone
die Pubertät in Gang bringen, ist mittlerweile wider-
legt. Erst im Laufe der Zeit verändern sich diese dahin
gehend, dass bei Mädchen die Östrogene und bei

Jungen das Testosteron überwiegen.

WACHSTUMSSCHUB

Diese Hormone lösen nicht selten einen Wachstums-schub aus. Viele Kinder wachsen dann innerhalb von einem Jahr im Schnitt bis zu acht cm. Da die Pubertät bei den Mädchen früher beginnt, sind sie in diesem Alter so manches Mal ein bisschen größer als gleichaltrige Jungen. Im Alter von etwa zwölf Jahren ist das Wachstum meist sehr stark ausgeprägt.

Allerdings endet der Längenwachstumsschub bei ihnen auch um einiges früher als bei Jungen. In der Regel sind Mädchen mit sechzehn Jahren ausgewachsen, während viele Jungs bis zum neunzehnten Lebensjahr wachsen. Für die End-Größe eines Menschen sind zwar hauptsächlich die Erbfaktoren verantwortlich, allerdings spielt auch die richtige Ernährung eine nicht unerhebliche Rolle.

Eine ungesunde, nicht ausgewogene Ernährungs-form hat Mangelerscheinungen zur Folge, die verhindern können, dass Ihr Kind die volle Größe erreicht.

Manchmal sind Eltern besorgt, weil es scheint, als würde Ihr Kind gar nicht mehr aufhören zu wachsen, oder andersherum, als würde das Wachstum stagnieren. In beiden Fällen ist es möglich, beim Arzt eine Bestimmung des Knochenalters durchführen zu lassen, bei welcher die Wachstumsfugen Ihres Kindes gemessen werden. Durch diese Methode lässt sich die End-Größe mit einer Differenz von ein bis zwei Zentimetern ziemlich genau voraussagen.

Laut Statistik werden die Männer in Deutschland durchschnittlich 1,80 Meter groß und Frauen 1,66 Meter.

EINE TIEFERE STIMME

Für Jungen ist der mit der Pubertät einhergehende Stimmbruch sicherlich ein großes Ereignis. Meist beginnt dieser zwischen dem 12. und 13. Lebensjahr und dauert bis zu einem halben Jahr an. Eine Faustregel gibt es aber nicht. Ausgelöst wird der Stimmbruch durch das Hormon Testosteron.

Die in der Pubertät vermehrte Produktion lässt den Kehlkopf größer und die Stimmlippen länger werden. Wie tief eine Stimme letztlich ist, ist davon abhängig, wie lang und dick die Stimmlippen sind. Je länger und dicker, desto tiefer. Durch das Wachsen des Kehlkopfes wird nun auch der Adamsapfel deutlicher erkennbar. Typisch für den Stimmbruch ist eine kratzige, brüchige Stimme, die zwischen hohen und tiefen Tönen hin und her schwankt und von Heiserkeit begleitet wird. Schmerzhafte Beschwerden treten eigentlich nicht auf. Falls doch, sollte bei anhaltenden Schmerzen ein HNO-Arzt aufgesucht werden. Der Stimmbruch in dieser Form betrifft zwar eher die Jungs, aber auch bei Mädchen verändert sich die Stimme während der Pubertät. Da sie im Gegensatz zu Jungs jedoch nur geringe Mengen Testosteron produzieren, ist der Stimmwechsel nicht ganz so auffällig.

DIE KÖRPERBEHAARUNG NIMMT ZU

Während der Pubertät verändert sich in einigen Regionen des Körpers auch die Haarstruktur. Im Schambereich und den Achselhöhlen wachsen nun dickere, meist leicht gekräuselte Haare. Bei den Jungen beginnt der Körperhaarwuchs meistens mit rund 10 Jahren und kann durchaus bis zum 30. Lebensjahr andauern. Bei Frauen hingegen ist mit Ende der Pubertät auch in der Regel die Entwicklung der Körperbehaarung abgeschlossen. Ein veränderter Hormonhaushalt kann sich jedoch zu jeder Zeit auf diese Entwicklung auswirken und die Beschaffenheit oder Ausprägung auch im späteren Alter nochmals verändern.

Bei den Söhnen setzt während der Pubertät der Bartwuchs ein und manchmal sind Eltern geneigt, Witze über den zarten Flaum Ihres Sohnes zu machen. Jedoch sollten Sie bedenken, dass der Bartwuchs für Jungs zu einer großen Veränderung mitten im Gesicht führt. Es ist also eine große Sache und Witze darüber werden in dieser sensiblen Entwicklungsphase nicht unbedingt positiv aufgenommen.

Falls mit Abschluss der Pubertät Auffälligkeiten bezüglich der Körperbehaarung vorhanden sind, wie zu wenig oder zu viele Haare, kann dies hormonelle Ursachen haben. Ein Facharzt kann in dieser Hinsicht gut beraten und Hilfe leisten.

MAMA, ICH BRAUCHE EINEN BH

Bei Mädchen bildet sich während der Pubertät die weibliche Silhouette. Dazu gehört auch, dass die Brust langsam größer wird. Dies geschieht dadurch, dass die Brustdrüsen wachsen und der Körperfettanteil in der Brust steigt. Es kann vorkommen, dass die Brüste unterschiedlich schnell wachsen und die eine somit eine Zeit lang größer als die andere ist. Das ist aber völlig normal. Viele Mädchen können spüren, dass ihre Brust wächst, da dies häufig mit einem Kribbeln oder Jucken der Brustknospen zusammenhängt. Manchmal kann es auch zu Schmerzen kommen. Sind diese allerdings anhaltend oder sehr stark, sollte ein abklärender Besuch beim Gynäkologen stattfinden. Abgeschlossen ist das Wachsen der Brust mit ca. siebzehn oder achtzehn Jahren.

Einige Mädchen entwickeln bezüglich Ihres wachsenden Busens ein gewisses Schamgefühl und versuchen sogar, ihn unter weiten Shirts oder Pullis zu verstecken. Ein gutes Mutter-Tochter-Gespräch kann helfen, dieses Schamgefühl zu lösen. Bieten Sie außerdem ruhig an, Ihre Tochter beim BH-Kauf zu begleiten und erklären Sie ihr, wie wichtig ein gut sitzender BH ist, damit die Brust gut gestützt ist. Fachgeschäfte, in denen das Personal gut geschult ist, sind für die ersten BH-Käufe am besten geeignet.

SAMENERGUSS UND REGELBLUTUNG

Die Geschlechtsorgane wachsen. Bei Jungen der Penis und die Hoden, bei Mädchen die Klitoris und Schamlippen. Damit einhergehend werden diese Organe auch langsam funktionstüchtig. So kommt es zum Beispiel bei den Jungen zum ersten Samenerguss. Die meisten Jungs lösen diesen nicht bewusst aus, sondern es geschieht unwillkürlich und hauptsächlich nachts. Eine große Sache für Ihren Sohn! Denn ab dem ersten richtigen Samenerguss sind Jungs auch zeugungsfähig.

So natürlich ein Samenerguss auch ist, manchen Jungen ist dieser peinlich. Sie wollen nicht, dass die Eltern davon erfahren und schämen sich dafür. Falls das bei Ihrem Sohn so ist, seien Sie bitte sehr behutsam. Kommentare über Flecken im Bett oder der Boxer-Shorts sollten grundsätzlich ausbleiben. Sie nehmen der Sache sonst ihre Natürlichkeit, was für Ihren Sohn sicherlich und insbesondere, wenn der Samenerguss unwillkürlich geschah, irritierend ist. Auch wenn in der Folge Ihr Sohn seinen Körper erforscht und sich selbst befriedigt: Das gehört zur Privatsphäre und viele Jungs möchten nicht darüber reden.

Mädchen hingegen erleben in dieser Zeit die Ausreifung der Gebärmutter, welche den monatlichen Zyklus leitet und somit eine Schwangerschaft möglich macht. Ihre erste Regelblutung erleben die meisten Mädchen mit ungefähr 13 Jahren. Sie kann aber auch deutlich früher oder später das erste Mal auftreten. Die biologische Uhr tickt hier immer individuell. Bevor Mädchen ihre erste Periode bekommen, bemerken sie üblicherweise einen weißen oder gelblichen Ausfluss. Es ist hilfreich, wenn Mütter ihre Töchter darauf vorbereiten und sie überdies mit einem Notfallset, bestehend aus Binden und Slipeinlagen, ausstatten.

Die Blutungen können schließlich plötzlich beginnen und je nachdem, wo sich Ihre Tochter in diesem Moment befindet, kann das ziemlich unangenehm werden. Sprechen Sie außerdem über die notwendige Hygiene und die Mittel, die während der Pubertät zur Verfügung stehen. Am besten haben Sie Tampons und Binden im Haus, sodass Ihre Tochter ausprobieren und letztlich selbst wählen kann, was Ihr am liebsten ist. Später können auch Menstruationstassen sehr angenehm sein. Da die Periode für viele Frauen und Mädchen von Schmerzen begleitet wird, ist es gut, wenn

Sie Ihre Tochter auch in Bezug hierauf über bewährte, lindernde Mittel informieren.

PICKEL, MITESSER UND AKNE – OH NEIN!

Als wären da nicht schon genug Veränderungen zu verarbeiten, haben viele Jugendliche auch noch mit lästigen und nicht gerade hübsch anzusehenden Pickeln zu kämpfen. Dies liegt daran, dass während der Pubertät die Talgproduktion angeregt wird und gleichzeitig die Anzahl der Hornzellen steigt, welche die oberste Hautschicht ausmachen. Der Überschuss an Talg kann dazu führen, dass die Ausgänge verstopft werden. Die Folge sind Mitesser, Pickel und fettige Haare.

Bei manchen Teenagern bleibt es leider nicht nur bei ein paar Pickeln hier und da. Sie leiden dann höchstwahrscheinlich unter Akne, die wiederum auch in unterschiedlichen Formen und Ausprägungen auftritt. Ein Hautarzt kann feststellen um welche Form es sich handelt und dementsprechende Salben oder Pflegeprodukte verschreiben.

Generell ist sinnvoll, bei Hautproblemen auf parfümfreie und pH-neutrale Produkte zu setzen, die die

Haut sensibel behandeln und schonen. Eine Absprache mit dem Hautarzt ergibt Sinn, da viele herkömmliche Produkte Fette und Öle enthalten, die die Poren verstopfen, was der Akne letztlich zuspielt. Um abgestorbene Hautschuppen zu entfernen, ist ein wöchentliches Peeling empfehlenswert. Dieses lässt sich gut mit Hausmitteln selbst herstellen. Im Internet finden sich dazu viele großartige Rezepte. Auf keinen Fall sollten Pickel selbst ausgedrückt werden. Das führt nur zu weiteren Entzündungen und unterstützt die Narbenbildung. Lediglich Fachleute besitzen ausreichend Kompetenz, um sich Pickeln auf die Weise zu nähern.

ÄNDERUNGEN IM GEHIRN

Ja richtig, während der Pubertät verändert sich auch einiges im Gehirn der jungen Menschen. Neue Nervenverknüpfungen werden gebildet und andere verschwinden. Als eine der letzten Hirnregionen reift der präfrontale Cortex aus, in dem sich ein Kontrollzentrum für Impulse und rationales Denken befindet. Bis dahin spielt bei Kindern und Jugendlichen der Mandelkern eine größere Rolle, welcher Informationen von außen aufnimmt und verarbeitet. Dies geschieht recht spontan und emotional, was dazu führt, dass

Jugendliche Emotionen anders verarbeiten als Erwachsene, die diesbezüglich den präfrontalen Cortex nutzen.

Das erklärt mitunter, warum Pubertierende oftmals sehr impulsiv reagieren. Dem gegenüber steht die kognitive Entwicklung, die ab einem Alter von ca. 14 Jahren eilig voranschreitet und in vielen Bereichen die Leistungen der Erwachsenen nicht unterbietet. Mit diesem Entwicklungsschritt beginnt das systematische Denken. Heißt, Ihr Kind überlegt, welche Antwort es für ein Problem geben kann. Ebenso kann es nun abstrakter denken und somit die Welt auch völlig anders hinterfragen. Um die kognitiven Fähigkeiten immer weiter zu vertiefen, ist der Umgang mit Gleichaltrigen von großer Bedeutung. Im Austausch mit anderen Jugendlichen entsteht ein soziales Miteinander, welches Eltern nicht ersetzen können. Dennoch können Sie Ihren Nachwuchs hinsichtlich dieser Entwicklung unterstützen. Spielen Sie zum Beispiel gemeinsam Strategiespiele oder betätigen Sie sich zusammen im kreativen Raum.

ZUSAMMENFASSUNG

Wie Sie soeben gelesen haben, prasseln während der Pubertät eine ganze Menge Veränderungen über Ihre Söhne oder Töchter herein. All diese müssen von dem jungen Menschen erst einmal verarbeitet werden. Es ist also nicht verwunderlich, dass dieser Prozess häufig von starken Stimmungsschwankungen begleitet wird. Doch bei allem Verständnis, das gemeinsame Leben kann nun zu einer regelrechten Herausforderung werden und ich kann sehr gut verstehen, wenn Sie sich bereits kurz nach Beginn der Pubertät schon das Ende dieser Phase herbeisehnen. Zumal es doch gefühlt erst gestern war, dass Sie die Trotzphase überlebt haben. Im Endeffekt läuft die Pubertät aber ähnlich ab.

Ihr Nachwuchs wird jetzt langsam zum jungen Erwachsenen und genau das will er Ihnen auch zeigen. Jede kleinste Bitte Ihrerseits kann nun zu einer Rebellion führen, ganz nach dem Motto: „Du hast mir gar nichts zu sagen!" Neues, altes Lieblingswort: „Nein!" Neuer Lieblingssatz: „Nö, kein Bock!" Oh ja, da kann man als Eltern schon mal ordentlich auf die Barrikaden gehen, zumal Sie sich wahrscheinlich denken: Mensch, das ist doch nicht zu viel verlangt. Der Blick ins Kinder- – Pardon – Jugendzimmer verrät aber etwas anderes.

Das in der Küche vermisste Geschirr stapelt sich hier bis unter die Decke, aus dem Laptop hören Sie mal wieder das Geplapper irgendeiner Influencerin oder eines YouTube-Stars, die Rollläden sind unten, überall liegen Klamotten, es müffelt bestialisch und mittendrin, breit ausgestreckt auf dem Bett, lümmelt sich Ihr Pubertier. Schamgefühl zeigt es keins, stattdessen schallt Ihnen ein wütendes „Raus!" entgegen. In diesem Moment fühlen Sie sich bestimmt vor den Kopf gestoßen, zumal Sie ja lediglich besorgt sind. Schließlich wurden die Hausaufgaben mal wieder nicht erledigt und vielleicht hat Ihnen der Lehrer bereits eine E-Mail geschrieben, in der Sie lesen, dass die Leistungen Ihres Kindes rapide nachlassen.

Doch wie ins Gespräch gehen, wenn der große Knall immer schon vorprogrammiert ist? Vielleicht lieber einfach machen lassen, weil es ja nur eine Phase ist, die wieder vorbeigeht? Es ist nicht selten, dass Eltern dieser Situation ratlos gegenüberstehen. Aber seien Sie sich sicher, Sie sind mit dieser Ratlosigkeit nicht allein. Im folgenden Teil erhaltenen Sie wertvolle Tipps, die Ihnen und Ihrem Kind helfen werden, diese schwierige Phase gemeinsam zu bewältigen.

Die Wichtigkeit der Zärtlichkeit und des liebevollen Handelns

Sie mögen annehmen, dass Ihr Sprössling nun langsam aus dem Alter heraus ist, in welchem Sie sich gemeinsam auf das Sofa kuscheln und einfach mal ein bisschen quatschen. Ein „ich habe dich lieb" vor dem Zubettgehen mag Ihnen sogar peinlich erscheinen. Außerdem scheint Ihr Kind diese Zärtlichkeiten und liebevollen Handlungen gar nicht mehr zu wünschen, reagiert es doch bei jedem Versuch

Ihrerseits zickig und aufbrausend.

Viele Eltern halten sich deshalb zurück, aber zu glauben, das Kind will es so, ist ein gefährlicher Trugschluss. Schließlich verliert Ihr Nachwuchs durch die Pubertät nicht das Verlangen die menschlichen Grundbedürfnisse nach Liebe und Zärtlichkeit zu stillen. Es ist also hilfreich, nein, sogar dringend notwendig, dass Sie versuchen, sich in die Gefühlswelt Ihres Teenagers hineinzuversetzen. Jugendlichen erscheint die liebevolle Sorge der Eltern meist so, als wollten diese sie lediglich bevormunden. Das hängt damit zusammen, dass Ihr Kind gerade beginnt, seinen eigenen Weg zu finden.

Dieser mag den Eltern nicht immer gefallen, aber begehen Sie bitte keinesfalls den Fehler, mit barscher Kritik oder gar Liebesentzug zu reagieren. Auch nonverbales Handeln, welches Ihrem Kind zeigen könnte, dass Sie seine Wünsche nicht nachvollziehen können, hinterlässt unter Umständen tiefe Wunden. Was Ihr Kind nun braucht, sind liebevolle Gespräche und Verständnis. Zeigen Sie Ihrem Sohn oder Ihrer Tochter, dass Sie Interesse an dem haben, was ihm oder ihr wichtig ist. Stellen Sie motivierende Fragen, die Ihr Kind ermutigen, offen mit Ihnen zu sprechen und lassen Sie im besten Fall Ihre eigene Meinung außen vor.

Sollte es doch zu einer Auseinandersetzung kommen, versuchen Sie nicht, Ihren Standpunkt vehement zu vertreten, das bringt sowieso nichts, außer, dass Ihr Kind auf Stur stellt. Nehmen Sie es lieber in den Arm und verlegen Sie das Gespräch auf einen anderen Zeitpunkt.

Diese liebevolle Geste zeigt Ihrem Kind, dass Sie nicht lediglich Ihre elterliche Sichtweise darstellen wollen, sondern dass Sie es ernst nehmen und Verständnis dafür haben, nicht immer gleich auf einem Nenner zu sein. Ganz unabhängig davon kann eine zärtliche Umarmung Endorphine freisetzen, die beruhigend wirken und glücklich stimmen.

In dem Moment, in dem Sie es schaffen, trotz Streit die Arme offenzuhalten, machen Sie klar, dass Sie aller Meinungsverschiedenheiten zum Trotz stets eine sichere Zuflucht sind, die jederzeit aufgesucht werden kann. Dadurch gewinnt Ihr Teenager an Sicherheit und die Bindung zwischen Ihnen wird gestärkt.

Wie kann der Dialog zwischen Teenagern und Eltern funktionieren?

Wichtig ist, davon wegzukommen, zu denken, Sie müssten mit Ihren Kindern ein „ernstes Wörtchen" sprechen.

Wahrscheinlich werden Sie bereits selbst gemerkt haben, dass diese Methode spätestens im Teenager-Alter lediglich zu Ohren auf Durchzug führt und die Diskussion anheizt. Fatal sind auch gesellschaftlich geprägte

Normsätze, die keinerlei persönliches Denken durchsickern lassen. In etwa so etwas wie: „Das macht man so!", oder „Das sagt man nicht." Entschuldigung, aber wer oder was ist „man" oder warum hat es so viel zu sagen? Was ich Ihnen damit sagen möchte, ist, dass Kinder wie auch Jugendliche, diese Aussagen nicht gut verstehen können, da in Ihnen nichts Persönliches liegt.

Sie spiegeln nicht wider, was Ihnen persönlich am Herzen liegt und liefern auch keine plausible Erklärung für das Warum. Ihr Kind müsste also selbstständig entschlüsseln, wie viel von dieser Aussage „man" ist und wie viel Mama oder Papa. Diese Mühe werden sich die meisten Jugendlichen sicher nicht machen. Also reagieren sie genervt und eventuell mit resignierten Schweigen, was wiederum Sie als Eltern stört. Was ist also stattdessen ratsam?

Einfach gesagt: In den Dialog gehen und persönlich werden. Es hilft ungemein, wenn Sie Ihrem Kind klare Ich-Botschaften senden. Diese sind nicht belehrend oder mit Kritik versehen. Stattdessen drücken Sie aus, was IHNEN persönlich als Mutter oder Vater wichtig ist und was SIE zu bestimmten Themen fühlen. Mit dieser Vorgehensweise zeigen Sie, dass Sie PERSÖNLICH sich ernsthafte Gedanken machen und nicht reagieren, wie Sie reagieren, weil „man" das so handhabt. Da es sich um einen Dialog handelt, ist Ihr Kind natürlich ebenso berechtigt wie Sie, die eigenen Wünsche bzw. die eigene Meinung mitzuteilen und genau das ist das Ziel.

Auf diese Weise finden Sie im liebevollen, respektvollen Austausch wunderbar heraus, was in Ihrem Nachwuchs vorgeht. Es geht nämlich gar nicht darum, immer auf einen Nenner zu kommen, sondern in erster Linie darum, die unterschiedlichen Meinungen offen und ehrlich vertreten zu dürfen, ohne dass dieser Meinungsaustausch im Streit endet. Natürlich bleibt dann auch mal das eine oder andere offen, aber was viel wichtiger ist, es entsteht eine vertrauliche Basis, die Ihrem Kind die Angst nimmt, mit Ihnen zu sprechen, weil es davon ausgehen muss, dass Sie sowieso kein Verständnis haben und nur belehren wollen.

Seien Sie nicht betrübt, wenn diese Kommunikationsebene nicht gleich beim ersten Versuch funktioniert. Haben Sie Geduld und bleiben Sie dran, es lohnt sich. Jetzt können Sie Ihrem Kind zeigen, dass Sie eine Bereicherung für sein Leben sind, weil es sich, wann immer nötig, an Sie wenden darf, ohne das Gefühl bevormundet zu werden. Daran wird es sich bestimmt auch im Erwachsenenalter erinnern.

Die Clique meines Kindes ist schrecklich!

Während der Pubertät nehmen die Freunde einen immer höheren Stellenwert ein. Ihre Meinung hat nun oberste Priorität und scheint unanfechtbar. Die Zeit, die früher mit der Familie verbracht wurde, wird nun voll und ganz der Clique gewidmet.

Viele Eltern fühlen sich dadurch wie auf dem Abstellgleis und dass sich das nicht gut anfühlt, ist nur verständlich. Sie waren schließlich über viele Jahre hinweg die wichtigsten Menschen im Leben Ihres Kindes und jede Freude und jeder Kummer wurde mit Ihnen, den Ansprechpartnern Nummer Eins, geteilt. Diese Zeit scheint nun vorbei zu sein. Fast so, als hätte Ihr Kind das Interesse an Ihnen verloren. Ab jetzt bestimmt die sogenannte Peergroup, was cool ist, welche Klamotten gut aussehen und was am Wochenende ansteht. Ausflüge zum Meer und Wandertouren im Wald sind definitiv out. Stattdessen trifft sich die Clique fast täglich, um einfach nur „abzuhängen". Das mag Sie verwirren und vielleicht denken Sie auch, dass dieses Abhängen der jungen Leute eine reine Zeitverschwendung ist.

Abgesehen davon kann es sein, dass Sie die Freunde Ihres Kindes nicht gerade für den besten Umgang halten. Vielleicht haben Sie sogar das Gefühl, das negative Verhalten Ihres Sohnes oder Ihrer Tochter Ihnen gegenüber rührt von der Clique her. Seien Sie mit derartigen Äußerungen bitte äußerst vorsichtig. Eine Peergroup ist für junge Menschen nämlich unheimlich wichtig und eine gute Vorbereitung auf das Leben als Erwachsener. Sie üben gemeinsam, im Schutz der Gruppe, in dieser Gesellschaft zu bestehen und unterstützen sich dabei gegenseitig. Die Freunde dienen in dieser Entwicklungsphase längst nicht mehr als Spielgefährten, wie es bei jüngeren Kindern der Fall ist. Jetzt werden die Freundschaften langsam, aber sicher tiefgründiger und bedeutsam fürs Leben. Ihrem Teenager geht es nun mitunter darum, durch den Gedankenaustausch mit Gleichaltrigen herauszufinden, wer er oder sie in dieser Gesellschaft ist und Antworten darauf zu finden, wie die Zukunft als erwachsener Mensch wohl sein wird. Natürlich nehmen Eltern den Einfluss der Clique wahr und bei vielen Müttern und Vätern führt dieser durchaus zu einigen Sorgenfalten. Sie machen sich Gedanken darüber, wie weit der Einfluss wohl reicht. Vielleicht verleiten die Freunde Ihr Kind zum Alkohol-Trinken oder zum Rauchen.

Oder was, wenn sogar Drogen im Spiel sind? Es ist selbstverständlich richtig, wenn Sie Ihre Sorge in einem offenen, persönlichen Dialog gegenüber Ihrem Kind mitteilen, aber die Freunde pauschalisierend zu kritisieren bzw. schlechtzumachen, wäre absolut kontraproduktiv. Dies würde höchstwahrscheinlich lediglich dazu führen, dass Ihr Nachwuchs sich erst recht und nochmal verstärkt zu seiner Peergroup hingezogen fühlt. Sinnvoller ist es, echtes Interesse an den Freunden zu zeigen und somit Ihrem Kind zu beweisen, dass Sie es wertschätzen und auch die Clique mit Respekt behandeln. Freuen Sie sich aufrichtig darüber, dass Ihr Kind diesen festen Freundeskreis hat, denn es spricht letztlich auch für seine sozialen Fähigkeiten, die im Übrigen in einer Peergroup nochmals erweitert werden.

Wenn Sie dennoch besorgt sind, sobald Ihr Kind mit der Clique unterwegs ist, weil vielleicht auch ältere Jugendliche dazu gehören, die bereits Alkohol trinken dürfen oder rauchen, ergibt es Sinn, eine Vereinbarung zu treffen, die besagt, dass Sie als Eltern jederzeit über den Aufenthaltsort Ihres Sohnes oder Ihrer Tochter Bescheid wissen müssen. Erklären Sie liebevoll, dass diese Abmachung rein gar nichts mit Kontrolle zu tun hat, sondern lediglich dem Schutze dient, und zwar dem Schutz der gesamten Clique. Bleiben Sie der Clique gegenüber stets offen, auch wenn Ihnen manche Dinge nicht gefallen. Vertrauen Sie Ihrem Kind und auch sich selbst. Schließlich haben Sie schon vor der Pubertät Werte vermittelt, die definitiv nicht alle in Vergessenheit geraten sind.

Die erste Liebe

D er Liebe sollte immer Respekt entgegenge-
bracht werden, egal, in welchem Alter sich
der oder die Liebende befindet. Im Laufe der
Pubertät kommt es bei vielen Jungen und Mädchen
auch zum ersten, richtigen Verliebtsein.

Bestimmt sind Sie als Eltern neugierig, wer Ihrem
Sohn oder Ihrer Tochter gerade den Kopf verdreht und
somit geneigt, ein bisschen nachzubohren. Bedenken
Sie aber bitte, dass das Gefühl der Liebe ein ganz persönliches ist, welches in jeder Hinsicht einen behutsa-
men Umgang verdient. Davon mal ganz abgesehen,
können und dürfen Sie so oder so nicht beeinflussen,
wann und in wen sich Ihr Kind verliebt. Auch hier gilt

wieder: Seien Sie offen, aber nicht bevormundend. Eltern wollen zwar oft nicht wahrhaben, dass der Sprössling nun plötzlich reif für eine Beziehung sein soll, aber aufgeklärte Jugendliche haben in der Regel selbst ein gutes Gefühl dafür. Sollten Sie der Meinung sein, gegen die Beziehung oder auch nur das Verliebtsein wettern zu müssen, wird Ihr Kind dies als Angriff auf seine Gefühlswelt deuten und sich nicht ernst genommen fühlen. Im Umkehrschluss wird Ihre Tochter oder Ihr Sohn Sie dann also auch nicht bei Liebeskummer aufsuchen, was sowohl für Sie als auch Ihr Kind sehr bedauerlich wäre.

Egal, wie schwer es Eltern fällt, diesen großen Schritt zu akzeptieren, ist es wichtig, dass Sie es tun. Suchen Sie das Gespräch, ohne bedrängend zu sein, und nehmen Sie es hin, wenn Ihr Teenie nicht über sein Liebesleben reden möchte. Wenn Sie achtsam und mit dem von Ihrem Kind festgelegten Abstand am Ball bleiben, wird Ihr Sohn oder Ihre Tochter merken, dass Sie Interesse an den Umständen haben, jedoch den gebührenden Respekt entgegenbringen, den so eine erste Liebe verdient.

UND WAS IST MIT SEX?

Fakt ist, in der Pubertät gewinnt das Interesse an Sex an Bedeutung. Die Fantasie entwickelt sich weiter und letztlich beschäftigt sich ein Teenager früher oder später immer mit der Frage, wie Sex wohl sein mag. Damit einhergehend keimt eine Sehnsucht auf, Sexualität auch wirklich zu erleben.

Im Freundeskreis wird daher viel über dieses Thema geredet und die Art und Weise, wie das geschieht, mag vielen Erwachsenen recht infantil erscheinen, was dazu führt, dass Eltern gern denken, Ihr Kind sei noch nicht so weit. Dem ist in den meisten Fällen allerdings nicht so.

Wenn Jugendliche unter sich beim Thema Sex kichern und witzeln, bedeutet dies bloß, dass Sie die Spannung, die um diese Angelegenheit schwirrt, ein wenig abzuschwächen versuchen. Eltern hoffen meist, dass der Nachwuchs das erste Mal sehr spät erlebt. Sie sind sich nicht sicher, ob ihr Kind sich den möglichen Folgen, wie einer Schwangerschaft oder einer Infizierung mit Aids bewusst ist. Auch hier helfen nur sensibel geführte Gespräche, die die Privatsphäre Ihres Sohnes oder Ihrer Tochter unbeanstandet lassen. Hören Sie genau hin, was Ihr Kind zum Beispiel während des gemeinsamen Essens für Witze macht oder ob auch nur kleinste Anspielungen gemacht werden, die mit Sex zu tun haben. Ist dem so, können Sie diese aufgreifen. Über Witze können Sie also auch gemeinsam lachen. Das lockert die Stimmung und nimmt Ihrem Kind das eventuell bestehende Schamgefühl, ernst über diese so wichtige Sache zu sprechen. Sollte Ihr Kind bezüglich Sex nicht in ein ernsthaftes Gespräch mit Ihnen gehen wollen, können Sie dennoch Hilfestellung leisten. Stellen Sie zum Beispiel eine Liste von erklärenden Internetseiten zusammen, die Sie Ihrem Kind gegebenenfalls sogar wortlos auf den Schreibtisch legen. Gern mit der Notiz: „Wenn du Fragen hast, kannst du aber auch jederzeit zu mir kommen." Auf diese Weise lassen Sie Ihrem jungen Erwachsenen die Wahl und üben keinerlei Druck aus.

Der Schlafrhythmus meines Kindes ist nicht normal

Ist Ihr Kind mal nicht mit der Clique unterwegs, liegt es im Bett und schläft. Nachts kommt es dann nicht zur Ruhe und am nächsten Morgen nicht aus dem Bett. „Ach Mama, du kannst mir doch für die erste Stunde eine Entschuldigung schreiben." „Ich habe Kopfschmerzen, kann ich heute zu Hause bleiben?" Die meisten Eltern kennen Sätze wie diese nur zu gut und bestimmt sind Sie von so mancher morgendlichen Diskussion verärgert. Zumal Sie Ihrer Tochter oder Ihrem Sohn doch jeden Tag sagen, dass dann und dann Schicht im Schacht ist. Selbst schuld, wenn er oder Sie dann noch bis in die Puppen wach liegt. Doch ist Ihr Kind selbst schuld?

Wie bereits am Anfang dieses Ratgebers erwähnt, finden während der Pubertät auch gewisse Veränderungen im Gehirn statt. Eine Folge dieser Veränderungen ist der für Sie merkwürdige Rhythmus Ihres Kindes. Verantwortlich dafür ist die Zirbeldrüse, die das müde machende Hormon Melatonin produziert und eine Rhythmusverschiebung von ca. zwei Stunden hervorruft. Heißt konkret: Jugendliche werden abends später müder und morgens später wach. Dennoch brauchen sie aufgrund der Melatonin-Produktion viel Schlaf, den Sie sich dann eben auch tagsüber holen. Für die meisten Teenager sind zehn bis zwölf Stunden notwendig, um der Müdigkeit zu trotzen.

Digitale Medien – gefährlich, oder nicht?

Ständig tippelt Ihre Tochter irgendetwas ins Handy und der Sohnemann gammelt schon wieder mit den Kumpels vor dem Computer oder der Playstation. Für Eltern ist der Konsum von digitalem Kram nicht immer nachvollziehbar.

Es kommt Ihnen bestimmt als zu viel vor und Sie machen sich Gedanken, ob dieser ganze „Mist" nicht doch so einige negative Auswirkungen mit sich bringt. Schließlich ist der Großteil der Eltern, die nun Kinder im Teenageralter haben, ganz anders aufgewachsen. Das World Wide Web war zu Ihrer Zeit vermutlich noch unbekanntes Terrain. Die heutige Zeit ist aber, ob Sie es wollen oder nicht, eine andere. Ihre Kinder wachsen mit Smartphone, Fernseher und Laptop auf. Es ist heutzutage schlichtweg normal und somit haben Kinder, die jetzt erwachsen werden, auch ein anderes Verständnis dafür, was den Umgang mit Medien betrifft. Für sie ist es wie eine zweite Homebase und Plattformen wie Facebook, Instagram und Co. leisten einen gehörigen Beitrag. In Windeseile haben die Teenies durch das Hochladen von Bildern eine kleine Fanbase um sich herum erschaffen – die sogenannten Follower.

Für Jugendliche, die gerade Ihren Weg suchen, dienen diese natürlich als wunderbare Bestätigung und ebenso als Push fürs Selbstbewusstsein. Influencer, die scheinbar im Luxus leben und eine Welt aufzeigen, die aus Partys, teuren Klamotten und vielen Reisen besteht, werden schnell zu Vorbildern. Es ist nicht abzustreiten, dass darin durchaus eine Gefahr für Ihr Kind liegt. Instagram zum Beispiel besteht lediglich aus kleinen Ausschnitten des Lebens und die meisten Nutzer konzentrieren sich bei Ihrem Account auf das Positive und Schöne. Eben auf das, was Follower magisch anzieht. Was dahintersteckt, bleibt auch meist dahinter. Das soll nun kein Abwerten der Influencer werden. Im Gegenteil. Es ist unheimlich wichtig, dass junge Leute, die diesen Vorbildern nacheifern, verstehen, dass der Erfolg derer, die Instagram oder auch YouTube zu Ihrem Beruf gemacht haben, nicht von ungefähr kommt. Dahinter steckt jede Menge Arbeit und es ist alles andere als ein Nine-to-Five-Job. Damit Jugendliche also nicht irgendwelchen Illusionen nachhängen, ist es wichtig, dass Sie als Eltern das Interesse an dem jeweiligen Medium und den Vorbildern ernst nehmen. Zeigen Sie Bewunderung für die harte Arbeit und erklären Sie Ihrem Kind, dass es genau das ist: Ein harter Fulltime-Job, der im Übrigen auch seine Schattenseiten hat.

Mit Schattenseiten ist zum Beispiel Cybermobbing gemeint, was theoretisch auch Ihr Kind treffen kann. Jede Person, die auf sozialen Plattformen ein öffentliches Profil anlegt, ist auffindbar und somit auch öffentlich angreifbar. Manche Menschen machen sich einen regelrechten Spaß daraus, andere Personen online zu diskriminieren. Reden Sie deshalb unbedingt darüber und machen Sie Ihrem Sohn oder Ihrer Tochter deutlich klar, dass er oder sie Beleidigungen dieser Art niemals persönlich nehmen darf. Erklären Sie, dass

Menschen, die so etwas tun, vielmals von mangelndem Selbstbewusstsein geplagt werden und diese Art von Mobbing lediglich die eigenen Probleme der Person verbergen soll.

Eltern sollten sich notwendigerweise mit den sozialen Medien, die Jugendliche üblicherweise nutzen, auseinandersetzen, denn nur so können sie mitreden. Eine wichtige Basis, um überhaupt ins Gespräch gehen zu können.

Nun ist das Internet gewiss nicht lediglich von sozialen Medien geprägt. Es lauern bei Weitem viele andere Gefahren im schier endlosen World Wide Web. Umso bedeutender ist es, dass Sie im Blick haben, ob sich Ihr Kind nicht zu sehr in dieser virtuellen Welt verliert. Ein Einschreiten ist dann notwendig, wenn ein Medium, egal welcher Art, als dauerhafte Flucht vor der Realität genutzt wird. In diesem Fall wird aus Ablenkung schnell eine Sucht, die nicht zu unterschätzen ist. Bemerken Sie als Eltern, dass es bei Ihrem Kind in diese Richtung geht, ist ein Gespräch unausweichlich. Bleiben Sie in diesem bitte unbedingt verständnisvoll und machen Sie Ihrem Kind keine Vorwürfe. Jetzt geht es darum herauszufinden, welchen Grund es für diese Flucht gibt. Es könnte sein, dass Ihr Sohn oder Ihre Tochter momentan unter Stress in der Schule leidet oder ein Streit im Freundeskreis zu verarbeiten ist. Was auch immer es ist, erfahren werden Sie es nur, wenn Sie vorurteilsfrei und voller Verständnis für das Problem sind.

Bei allen Sorgen, die Sie sich als Eltern bezüglich der Nutzung des Internets machen, sei gesagt, dass Medien nicht grundsätzlich schädlich sind. Solange der Konsum nicht einseitig wird und alles andere unwichtig erscheint, ist nichts gegen die Nutzung einzuwenden. Seien Sie im besten Falle ein Vorbild und haben Sie bei gemeinsamen Aktivitäten auch selbst nicht ständig das Handy in der Hand. Beim Essen oder bei Unternehmungen kann für alle folgendes gelten: digitale Detox!

Die Lernmotivation meines Kindes ist im Keller

Während der Pubertät haben die jungen Menschen alles Mögliche im Kopf, aber bestimmt nicht die schulischen Erwartungen. Eine Studie des Leibniz-Instituts für Bildungsforschung und Bildungsinformation hat im Jahr 2017 wissenschaftlich bewiesen, dass mit Beginn der Pubertät die Motivation schulische Leistungen zu erbringen rapide sinkt. Geteiltes Leid ist zwar halbes Leid, ändert aber nichts an der Tatsache, dass Eltern bei einem enormen, schulbezogenen Leistungsabfall angst und bange wird. Ihnen ist bewusst, welchen Stellenwert ein guter Schulabschluss in Deutschland hat und dass insbesondere die Mittelstufenjahre die Grundlage für diesen bilden. Was also tun, wenn der Nachwuchs die Hausaufgaben bloß noch schluderig ins Heft kritzelt, gar nicht mehr macht oder gar die Schule schwänzt?

Leider, leider ist das deutsche Schulsystem aber ebenso viele Eltern geneigt, grundsätzlich negative Aspekte zu bewerten und zu kommentieren. Die Schwächen werden somit in den Vordergrund gestellt und die Stärken geraten in den Hintergrund. Das Problem an der Sache: Kinder und Jugendliche brauchen Freude am Lernen, damit sie das Gelernte überhaupt verinnerlichen zu können. Wie sollen sie aber Freude entwickeln, wenn ihr Selbstbewusstsein regelmäßig Dämpfer kassiert, weil eine schlechte Note nach der Nächsten die Klausuren verziert? Ja, das Schulsystem verträgt ein Update, das ist aber leider eine langfristige Sache. Also liegt es an den Eltern, die Motivation ihres Kindes aus den Tiefen von Loch Ness zu angeln. Förderlich ist, die Stärken des Kindes wahrzunehmen und darauf aufzubauen, auch dann, wenn diese sich hauptsächlich auf den Freizeitbereich konzentrieren. Jedes Erfolgserlebnis steigert das Selbstbewusstsein und dieses wiederum ist wichtig für die Eigenmotivation. Wenn Ihr Sohn oder Ihre Tochter spürt, dass Erfolg guttut, wird sich dies auch positiv auf die schulischen Leistungen Auswirkungen.

Für ältere Teenager sind auch Praktika eine wunderbare Erfahrung. Dort können sie sich ausprobieren und ihre Fähigkeiten in der Praxis beweisen. Das Lob, das sie dafür erhalten, ist ein ordentlicher Push fürs Ego. Gefällt ihnen ihr Praktikum, werden sie gewiss motiviert sein, die schulischen Leistungen, die dieser Job verlangt, zu erfüllen.

Letztlich ist es so, dass Sie als Eltern nur unterstützend agieren können. Zeigen Sie Ihrem Sohn oder Ihrer Tochter, wie begeistert Sie von seinen oder Ihren Stärken sind und dass es absolut okay ist, Fehler zu machen. Nur wer Fehler machen darf, kann aus diesen lernen und sich dadurch resultierend auch verbessern.

Mein Teenie will alles haben und ist nie zufrieden

Sie haben doch gestern erst die teuren Marken-schuhe bezahlt, da wird Ihnen auch schon der nächste Wunsch unter die Nase gerieben. Kino, Handy, Friseur und vielleicht noch ein neues Handy? Mit dem Taschengeld nicht bezahlbar. Das ist schließ-lich schon kurze Zeit nach Erhalt komplett verprasst. Wofür? Pommes, Chips und Co. Manche Familien kommen durch die aufkommenden Wün–sche ihres Teenies schön in Bedrängnis oder finden sich in einem

Konflikt wieder. Einerseits soll Ihr Kind sich wohlfühlen und nicht ausgeschlossen werden, anderseits fehlen Ihnen vielleicht die finanziellen Mittel, um jedem Wunsch nachzugeben. Wie auch immer Ihre Situation ist, es ist grundsätzlich wichtig, dass Ihr Kind lernt, dass ein wahlloses Konsumverhalten nicht die Lebensqualität steigert. Wünsche kann und soll es haben, aber ebenso wichtig wie diese ist es, zu lernen, dass manchmal Geduld oder Verzicht vonnöten sind.

Natürlich ist das insbesondere für Jugendliche alles andere als einfach. Sie wachsen schließlich in einer Welt auf, die äußerst konsumorientiert ist und in dieser zu realisieren, was möglich ist und was leider (vorerst) Wünsche bleiben müssen, gestaltet sich schwierig. Auch hierbei können Sie Ihr Kind jedoch unterstützen. Ein monatliches Taschengeld mit einem festen Betrag ist ein Muss. Es fördert die Selbstständigkeit und den verantwortungsbewussten Umgang mit Geld, vorausgesetzt, Sie als Eltern geben nicht jedem Wunsch Ihres Teenies nach.

Zahlen Sie das Taschengeld am besten immer an einem fest abgesprochenem Tag aus und seien Sie diesbezüglich zuverlässig. Es sollte nie als Belohnung oder Bestrafung genutzt, sondern bedingungslos ausgezahlt werden. Solange Ihr Kind keine gefährlichen Dinge wie Alkohol und Zigaretten kauft, sind die Käufe zu akzeptieren – egal, wie sinnfrei Sie diese auch finden mögen.

Ist mein Kind süchtig?

Viele Eltern machen sich Sorgen, ob Ihr Kind zu denen gehören könnte, die während der Pubertät irgendeiner Sucht verfallen. Die Palette der möglichen Süchte ist schließlich breit gefächert: Drogen, Magersucht, Alkoholsucht, Internetsucht usw.

Generell kann gesagt werden, dass Kinder, die schon immer in einem guten Verhältnis zu Ihren Eltern standen, weniger gefährdet sind, einer Sucht zum Opfer zu fallen. Wer sein Kind gut kennt, wird zudem bereits erste Anzeichen schnell wahrnehmen und somit in der Lage sein, zu reagieren. Doch wie auch immer Ihr Verhältnis ist oder war, davon ganz unabhängig dürfen Sie sich, sollte es bei Ihrem Kind zu einer Sucht kommen, nicht mit einem schlechten Gewissen plagen.

Ebenso bringt es rein gar nichts, zu versuchen, die Situation schönzureden, geschweige denn totzuschweigen. Die Sache ist ernst und Sie sollten sich umgehend professionelle Hilfe suchen. Gleichzeitig braucht Ihr Kind Sie nun an der Seite und es sollte deutlich spüren, dass Sie es trotz der Umstände begleiten und lieben. Um einer Sucht des Kindes vorzubeugen, ist es sinnvoll, rechtzeitig über dieses Thema zu sprechen und die Folgen darzulegen. Eltern sollten demnach gut informiert sein und zum Beispiel über aktuelle Drogen Bescheid wissen.

Ich bin hässlich

Es mag sein, dass Mädchen mehr Aufsehen um ihr Aussehen betreiben und dass Sie öfter über das, was sie an sich alles nicht so schön finden, reden als Jungs. Das heißt aber keinesfalls, dass Jungen nicht ebenso unter den von der Gesellschaft festgelegten Schönheitsidealen zu leiden haben. Egal, wo sie auch hinsehen, die Werbung, die sozialen Medien und viele Serien bzw. Filme suggerieren vor allem Eins: Wer schön ist, hat es einfacher.

Das viele Jugendliche sich dadurch unter Druck gesetzt fühlen und versuchen, diesen Idealen zu entsprechen, ist wohl kaum verwunderlich, leiden doch sogar viele Erwachsene unter diesem Einfluss. Für Sie als Eltern ist das wahrscheinlich nicht nachvollziehbar, denn mit Sicherheit finden Sie Ihre Tochter oder Ihren Sohn schön, so wie Gott sie/ihn schuf. Dennoch ist es wichtig, Aussagen wie „ich bin hässlich" oder „ich bin viel zu fett" nicht mit lapidaren Kommentaren über die Schönheit Ihres Kindes abzutun. Jugendliche steigern sich schnell in etwas hinein und hat sich der Gedanke hässlich zu sein erst einmal manifestiert, kann das zu ernsthaften Problemen führen.

Egal, ob Ihr Kind diese Sätze äußert oder nicht, es ist generell wichtig, dieses Thema in Gesprächen aufzugreifen. Erklären Sie liebevoll, dass nicht alles Gold ist, was glänzt, und dass auch hinter all den Stars und Sternchen nur normale Menschen stecken. Hinzu kommt, dass bei Schönheit ganz schön viel geschummelt werden kann, denn die schier unbegrenzte Anzahl an zum Beispiel Fotofiltern zaubert sogar Hundertjährigen eine porentief reine Haut. Die perfekte Silhouette wird dann über Photoshop gebastelt und fertig ist der „perfekte Mensch."

Niemand sollte unter dem Druck einem gewissen Ideal zu entsprechen leiden müssen. Es ist somit hilfreich, schon früh am Selbstbewusstsein des Kindes zu arbeiten und Werte zu vermitteln, die ein gesundes Körperempfinden beinhalten. Seien Sie ein Vorbild und vermeiden Sie abfällige Bemerkungen über Äußerlichkeiten. Nörgeln Sie außerdem niemals am Aussehen Ihres Kindes herum.

Vor allem Teenager experimentieren viel mit Ihrem Look und auch dies gehört zur Selbstfindung dazu. Sollte Ihnen die neue Frisur, die knallige Jeans oder der Schlabber-Pulli wirklich nicht gefallen und Sie werden aber nach Ihrer Meinung gefragt, können Sie eine positive Formulierung wählen und trotzdem ehrlich bleiben. Ein Satz wie: „Es ist zwar nicht unbedingt mein Stil, aber ich finde gut, dass du so viel ausprobierst und letztlich muss es ja auch dir gefallen", hört sich in den Ohren Ihres Kindes bestimmt um einiges besser an als: „Wie siehst du denn aus? Das ist furchtbar." Mit dem ersten Satz zeigen Sie, obwohl Ihnen zwar persönlich etwas nicht gefällt, dennoch Anerkennung und danach sehnen sich Jugendliche ganz besonders.

Die Worte meines Kindes verletzen mich

„Du bist ja so was von peinlich!" „Nichts gönnt ihr mir." „Du verstehst echt gar nichts." „Ich hasse euch!" Autsch! Solche Sätze tun weh, das ist nicht von der Hand zu weisen. Jahrelang waren Sie bei jedem Kummer sofort zur Stelle und jetzt so was.

Was haben Sie bloß falsch gemacht? Die Antwort ist: gar nichts. Ihr Kind entwickelt sich lediglich weiter und es mag noch so paradox klingen, aber Ihr Kind würde Ihnen niemals so gegenüberstehen, wenn es sich nicht sicher wäre, dass Ihre Beziehung stabil genug ist, dass auszuhalten. Von daher klopfen Sie sich jetzt mal ruhig auf die Schulter.

Trotzdem gibt es selbstverständlich Grenzen, die auch Ihr Teenie einhalten muss. Respektlose, beleidigende und bewusst verletzende Worte sollten selbstverständlich nicht geduldet werden. Auch, wenn Sie diese nicht persönlich nehmen dürfen, sollten Sie schon deutlich klarmachen, dass Sie so einen Umgangston nicht hinnehmen und somit auch nicht weiter an dem Streit teilnehmen. Sagen Sie Ihrer Tochter oder Ihrem Sohn, dass Sie gern bereit sind, weiterzureden, wenn ihr oder sein Ton wieder angemessen ist. Hat sich die Situation beruhigt, sollten Sie das Gespräch suchen und erklären, dass die gefallenen Worte für Sie verletzend waren und warum dem so ist.

Jugendliche wollen auf Biegen und Brechen ihre Unabhängigkeit beweisen und spüren gleichermaßen, wie wichtig Ihnen dennoch die Zuwendung Ihrer Eltern ist. Das sorgt für ein Gefühlschaos, welches eben manchmal zu verbalen Ausschreitungen führt. Seien Sie deshalb bitte nicht beleidigt oder ziehen sich womöglich zurück, um diesen Attacken aus dem Weg zu gehen. Ihr Kind braucht Sie nach wie vor. Es ist nur so, dass sich mit der Pubertät Ihres Kindes auch Ihre Rolle als Eltern verändert. Zumindest aus Sicht Ihres Sohnes oder Ihrer Tochter. Sie werden nun langsam, aber sicher zum gleichberechtigten Gegenüber und von dem wünscht sich Ihr Kind, ernst genommen zu werden und Gespräche auf Augenhöhe. Die Erziehung beinhaltet in dieser Lebensphase mehr zuzuhören als zu erklären, weniger einzumischen und dennoch immer da zu sein. Ein Loslassen, welches unausweichlich ist.

Nebenbei ein kleiner Fun Fact: Die beleidigenden Worte von Teenagern den Eltern gegenüber sind kein Zeichen dieser Zeit und haben auch nicht wirklich etwas mit dem medialen Einfluss zu tun. Bereits die alten Griechen hatten rebellische Kinder, die Ihren Unmut stark zum Ausdruck bringen konnten. Sokrates zum Beispiel verschriftlichte während seiner Pubertät nicht gerade nette Worte an seine Eltern Sophroniskos und Phainarete und der junge Mann stand damals nicht unter dem Einfluss von Twitter und Co.

Die positive Seite der Pubertät und was Sie von Ihrem Teenie lernen können

E gal, welche Anstrengungen die Pubertät für Sie und Ihr Kind parat hat, es ist bei Weitem nicht alles schrecklich. Im Gegenteil. Während dieser besonderen Phase der Entwicklung werden Sie auch viele schöne Erfahrungen mit Ihrem Sohn oder

Ihrer Tochter sammeln und abgesehen davon, können Erwachsene so einiges von den Heranwachsenden lernen.

Die Gespräche, die nun zwischen Ihnen und Ihrem Kind geführt werden, mögen zwar seltener stattfinden als vor der Pubertät, jedoch haben sie sich auch verändert. Sie sind teilweise tiefgründiger, ernster und länger als zuvor. Was in diesen Gesprächen oft zum Vorschein kommt, ist, dass Jugendliche viel hinterfragen. Dabei geht es definitiv nicht nur um die Entscheidungen und Wünsche der Eltern. Nein, sie hinterfragen ihre gesamte Umwelt und können Widersprüchliches unheimlich schnell entlarven. Erwachsene können das zwar prinzipiell auch, jedoch neigen sie gern aus Bequemlichkeit zum „Einfach-mal-Hinnehmen" und Akzeptieren, wie es nun mal ist. Wie schade eigentlich, denn mit dem Hinterfragen beginnt schließlich auch die Veränderung und seien Sie mal ehrlich, in gewissen Bereichen ist diese durchaus notwendig.

Auch die eventuell vorhandene Konfliktbereitschaft Ihres Teenagers kann Sie etwas lehren. Ihr Kind steht für seine Meinung, Wünsche und Ziele ein und ist bereit, diese in einer Auseinandersetzung zu vertreten. Ist das nicht mutig? Erwachsene haben manchmal das Problem, Ihre Wünsche zu verdrängen oder mit der eigenen Meinung hinterm Berg zu halten. Da dies zu großer Unzufriedenheit führen kann, ja, sogar zu enormem Frust, ist es auch diesbezüglich gut, wenn Sie sich von der Bereitschaft, Konflikte einzugehen, ein Scheibchen abschneiden.

Einfach mal chillen und Spaß haben! Jugendliche chillen viel und haben in der Regel ordentlich Spaß am Leben. Wahrscheinlich haben Sie die Antwort „ich chille" auf die Frage „was machst du?" auch schon hin und wieder gehört. Sie wundern sich dann vielleicht oder sind sogar verärgert, weil man doch nicht ständig einfach nur abhängen kann. Da haben Sie recht.

Im Erwachsenenalter bleibt dafür wenig Zeit und dennoch sollten wir uns diese unbedingt nehmen. Einfach mal abhängen, den Gedanken nachgehen, Musik hören oder ein gutes Buch lesen. Die Leistungsgesellschaft hat Ihnen weisgemacht, dass es immer etwas zu tun gibt, dass Zeit Geld ist und dergleichen mehr. Zeit ist aber auch kostbar, vor allem unsere Lebenszeit und leider ebenso begrenzt. Umso wichtiger ist es, mal zu chillen und das zu tun, was Ihnen wirklich Freunde macht.

11 TIPPS, DIE DAS LEBEN IN DER PUBERTÄT ERLEICHTERN

1. Akzeptieren Sie die Veränderung Ihres Kindes.

Die Pubertät ist eine wichtige Lebensphase, die auch wieder vorübergeht. Bleiben Sie also locker, denn sobald Ihr Kind all die physischen und psychischen Veränderungen verkraftet hat, wird es auch wieder entspannter.

2. Seien Sie da.

Auch, wenn sich Teenager oftmals zurückziehen und es den Anschein macht, als werden Sorgen und Nöte nur noch mit den Freunden ausgetauscht, Ihre Tochter oder Ihr Sohn braucht Sie nach wie vor. Bieten Sie ruhig immer wieder Gespräche und gemeinsame Aktivitäten an, aber erzwingen Sie nichts. Ihr Teenie weiß so, dass Sie trotz seines ablehnenden Verhaltens das Interesse an ihr oder ihm nicht verlieren.

3. Denken Sie auch an sich selbst.

Der Kummer und die Sorgen um das eigene Kind können manchmal ganz schön belastend sein. Da Ihr Kind jedoch während der Pubertät stabile Eltern an der Seite braucht, ist es wichtig, dass Sie sich immer mal wieder eine Auszeit gönnen, um Kraft zu tanken.

4. Legen Sie nicht jedes Wort auf die Goldwaage.

Ja, manchmal kann ein Teenie ganz schön gemein sein. In der Regel macht Ihr Nachwuchs dies aber nicht, um Sie zu verletzen. Er oder sie ist nun auf der Suche zu sich selbst und versucht zudem, immer eigenständiger zu werden. Ein Nein ist für Jugendliche schwer zu akzeptieren, denn letztlich beginnen Sie jetzt vermehrt, ihre eigenen Entscheidungen treffen zu wollen.

5. Seien Sie offen gegenüber der Clique Ihres Kindes.

Sie ist nun gerade der Dreh- und Angelpunkt. Lernen Sie die Freunde kennen, indem Sie erlauben, dass sich die Gruppe auch bei Ihnen zu Hause trifft. Abgesehen davon könnten Sie zum Beispiel eine Party veranstalten, was Sie auf der Coolness-Skala bestimmt ein bisschen nach oben steigen lässt.

6. Seien Sie mit Ihrem Kind auf Augenhöhe und nehmen Sie die Sorgen und Wünsche ernst.

Äußerungen wie „Träume sind Schäume" oder „Das ist doch nicht realistisch" mindern das Selbstwertgefühl und machen unsicher. Glauben Sie an ihren Sohn oder Ihre Tochter und stärken Sie durch aufmunternde Worte sein oder ihr Selbstbewusstsein. Was realistisch ist und was nicht, wird Ihr Nachwuchs noch schnell genug lernen.

7. Akzeptieren Sie die Privatsphäre Ihres Kindes.

Ständig an die Tür zu klopfen, wenn Besuch vom anderen Geschlecht da ist, die WhatsApp-Verläufe zu kontrollieren oder das Tagebuch zu lesen: Verlockend, aber auch fast unverzeihlich! Jugendliche brauchen Ihre Privatsphäre und haben das Recht, diese auch einzufordern. Sollten Sie dies nicht beachten, kann es zu einem großen Vertrauensbruch kommen.

8. Gehen Sie Konflikten nicht aus dem Weg.

Zugegeben, diese ständigen Diskussionen, tägliches Drama und das grundsätzliche Auflehnen gegen alles und jeden, können zermürbend sein. Aber: Für Teenager ist es sehr wichtig, Konflikte austragen zu dürfen. Sie können dadurch lernen, ihre Meinung zu vertreten und sofern der Konflikt auf Augenhöhe ausgetragen wird, steigert es das Selbstbewusstsein ungemein.

9. Es ist gut, wenn Ihr Kind Verantwortung übernehmen möchte.

Und es sollte diesbezüglich unbedingt Unterstützung erfahren. Halten Sie Ihren Nachwuchs bitte nicht klein, nur weil es Ihnen schwerfällt zu beobachten, wie Ihr Sohn oder Ihre Tochter langsam, aber sicher erwachsen wird. Verantwortung zu übertragen, ist wichtig und mit Ihrer Sicherheit im Rücken, kann Ihr Kind sehr gut für das Erwachsenenalter üben. Spätestens dann ist die Fähigkeit Verantwortung zu übernehmen nämlich notwendig.

10. Ihr Kind hat ein eigenes Leben.

Richtig schwierig wird es für viele Eltern oft dann, wenn Ihre Vorstellungen die Zukunft betreffend so völlig von denen des Kindes abweichen. Bitte bedenken Sie, dass Ihr Kind ein eigenes Leben führen muss und mit spätestens 18 Jahren auch darf. Natürlich können Sie sich wünschen, dass Ihr Nachwuchs Arzt, Lehrerin oder Anwalt wird, die Entscheidung trifft Ihr Kind trotzdem selbst. Sollten Sie Ihren Sohn oder Ihre Tochter zu sehr unter Druck setzen, beeinflussen oder gar manipulieren wollen, kann das fatale Folgen haben. Denn wählt Ihr Kind einen Berufszweig, nur um Sie glücklich zu machen, bleibt sein eigenes Glück vielleicht auf der Strecke.

11. Vorbildfunktion.

Leben Sie das, was Sie von Ihrem Kind erwarten auch selbst vor. Sie können von Ihrem Kind nicht erwarten, dass es Regeln befolgt und Werte verinnerlicht, die Sie selbst außen vor lassen.

Schlusswort

Nun haben Sie all dies gelesen und denken vielleicht: Schöne Theorien, nette Tipps, aber die Praxis sieht doch eh immer anders aus. Damit haben Sie recht, jeder Ratgeber kann lediglich als Leitfaden gelten und muss individuell auf die eigene Familie bzw. Situation abgestimmt werden.

Auch ist jeder Mensch ein Individuum und nicht alle Ratschläge funktionieren z. B. bei mehreren Geschwisterkindern immer gleich. Ich hoffe allerdings trotzdem, dass das Gelesene Ihnen etwas geschenkt hat. Allem voran Verständnis für Ihr Kind und das Wissen, dass das mit der Pubertät oftmals auftretende Verhalten von größter Bedeutung für die Entwicklung ist.

Bei allem, was Sie in dieser Phase mit Ihrem Kind erleben, seien Sie nicht zu streng – auch nicht zu sich selbst. Sie werden immer wieder „Fehler" machen und Ihnen wird trotz aller Ratgeber ab und an der Kragen platzen. So ist das halt und so ist es menschlich.

Menschlich ist außerdem, sich die Zeit zu nehmen, einfühlsam zu sein und sein Gegenüber zu verstehen. Sie werden diese Phase gemeinsam mit Ihrem Kind meistern und, sofern Sie zumindest bemüht sind, stets auf Augenhöhe zu bleiben und ein gleichberechtigtes Gegenüber sind, werden Sie und Ihr Kind gestärkt aus dieser Zeit herauskommen und sie bestimmt sogar genießen können.

Herstellung und Verlag:

BoD – Books on Demand, Norderstedt

ISBN: 9783754308936

1. Auflage

Kontakt: Psiana eCom UG/ Berumer Str. 44/ 26844 Jemgum

Covergestaltung: Fenna Larsson

Coverfoto: depositphotos.com